AF601151

HECTOR VIGER

PEINTRE D'HISTOIRE

ET DE GENRE

SA VIE ET SES ŒUVRES

PARIS

IMPRIMERIE VICTOR GOUPY ET JOURDAN

71, RUE DE RENNES, 71

1879

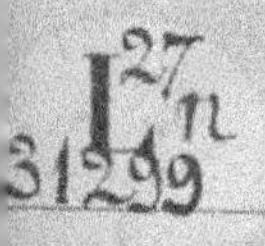

Par H. d'Escamps

Cf. H. Pellerin, *Henry d'Escamps*, p. 12. (8° Ln [illegible]

HECTOR VIGER

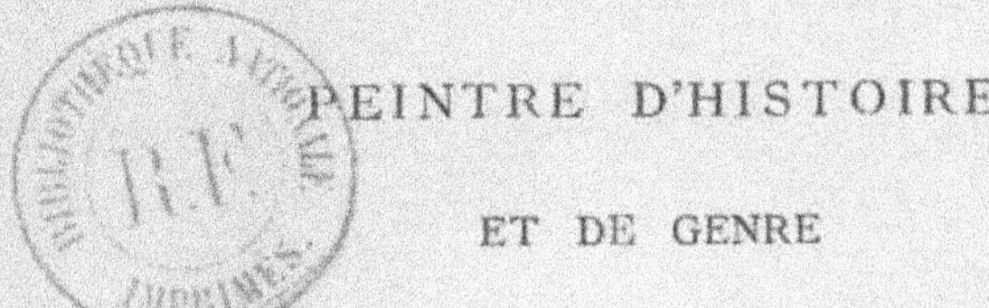

PEINTRE D'HISTOIRE

ET DE GENRE

SA VIE ET SES ŒUVRES

PARIS

IMPRIMERIE VICTOR GOUPY ET JOURDAN

71, RUE DE RENNES, 71

1879

HECTOR VIGER

L'art français vient de perdre l'un de ses représentants les plus recommandables et les plus distingués, Hector Viger, peintre d'histoire, de genre historique et de portraits, ancien élève de Drolling, de Paul Delaroche et de Henri Lehmann.

Jean Louis Hector Viger, était né à Argentan (Orne), le 25 Octobre 1819, de Anne Desplanches et de Pierre-Marin-Bruno Viger.

Resté orphelin à l'âge de deux ans, il fut élevé par de vénérables parents, son arrière grand oncle et son arrière grand'tante, M. et Mme Guesdon, qui l'avaient tenu sur les fonts baptismaux et chez lesquels il était né, rue de la Planchette.

Jusqu'à ses derniers moments, il conserva pour ces excellentes gens le plus reconnaissant souvenir, et il ne pouvait en parler sans être profondément ému.

Rue de la Planchette, l'intérieur était triste, austère même, quoique M. et Mme Guesdon fussent remplis de bonté pour l'enfant privé si jeune de son père. Assis des journées entières entre les deux vieillards, il n'avait pour toute distraction et tout amusement que les récits du vieil oncle, lui racontant tantôt la *Jérusalem délivrée*, tantôt des épisodes de la Révolution et de l'Empire. Aussi vivait-il surtout par l'imagination. Son corps restait faible et maladif. La gaîté est le soleil de l'enfant et comment en demander à des vieillards qui avaient traversé la Terreur?

En 1829, Hector Viger fut envoyé par son tuteur au collége de Sancerre; il y fit de tels progrès qu'à son retour à Paris en 1833, il put entrer en troisième au collége Bourbon. Ce fut dès cette époque que ses idées se tournèrent vers ce qui devait faire l'honneur et le bonheur de sa vie et lui donner des compensations pour toutes les douleurs de son enfance et de sa jeunesse!

Bien souvent, il oubliait le chemin du collége pour parcourir Paris, et pour visiter tout ce qu'il aimait à voir : les églises, les monuments, les musées surtout, non par un sentiment de curiosité banale, mais en contemplateur qui meuble sa mémoire pour l'avenir. Déjà, à cette époque, Hector Viger se plaisait à reproduire tout ce qui avait pu émouvoir ou frapper son imagination, son esprit et son cœur.

Après mille difficultés, qu'il fallut vaincre à force de ténacité, son tuteur consentit à le laisser aller à l'école gratuite de dessin, dirigée par Monvoisin, l'élève de Pierre Guérin, à qui le musée de Versailles, doit la *Bataille de Denain*.

Au mois d'Octobre 1837, l'atelier particulier de Monvoisin lui fut ouvert. Il est permis de penser que le jeune Viger conçut dans l'atelier de ce maître qui s'inspirait des qualités de composition de l'auteur de *Clytemnestre*, les premières ambitions du peintre d'histoire et ce goût prononcé pour le portrait qui ne l'a jamais abandonné complètement. En 1841, Monvoisin étant parti pour l'Amérique, Hector Viger entra chez Delaroche, et y resta jusqu'en 1842, époque où l'atelier fut fermé.

Il suivit alors pendant quelque temps l'atelier de Drolling et entra, enfin, chez M. Henri Lehmann pour lequel il a toujours conservé une très-grande admiration et la plus vive gratitude.

C'est auprès du plus brillant des disciples d'Ingres qu'il voulut achever ses études. De cette diversité de maîtres naquit, chez Hector Viger, un talent relativement indépendant; il n'en copia aucun servilement, tout en s'inspirant des qualités de chacun de ceux qui lui donnèrent des leçons. Il demanda à Monvoisin et à Delaroche le sentiment de la composition et le charme de coloris qu'on remarque dans presque tous ses tableaux, à Drolling le fini et la vérité du pinceau, à Henri Lehmann la correction du dessin, la grâce et l'élévation du style.

Les commencements d'Hector Viger, devenu peintre, furent difficiles, comme il arrive presque toujours au début de toute carrière; mais, il avait de grandes ressources dans son courage, dans l'habileté de son dessin, dans la variété de ses moyens pittoresques. Il commenca par faire de la miniature sous toutes ses formes; ses petits portraits en ce genre sont des chefs-d'œuvre. Ses éventails peuvent aller à côté des plus remarquables de ceux qui ont eu tant de vogue dans les deux derniers siècles. Il aborda ensuite l'art si délicat des manuscrits à miniature, art perdu de nos jours; on trouve, encore, dans ses cartons, quelques-unes de ces miniatures de manuscrits qu'il peignit dans l'*Imitation* de Curmer et pour l'exécution desquelles il allait s'inspirer des admirables manuscrits du moyen âge conservés dans nos bibliothèques publiques.

C'est au salon de 1845 qu'il débuta comme peintre, ce début fut signalé par l'exposition de trois portraits.

Dès lors, de concert, il s'adonna à la fois à la peinture de portrait, à la peinture d'histoire profane et sacrée et à *la peinture de genre*.

Sa carrière était tracée et elle devint très-laborieuse. A dater de 1847, nous trouvons Hector Viger figurant à peu près à toutes les Expositions. Au salon de cette année, il envoie quatre toiles, dont deux portraits de femme et deux tableaux, l'une *Sainte Anne et la Vierge*, placée aujourd'hui à Saint-Lazare, l'autre *Démicrite et les Abdéritains*[1], sujet tiré des fables de La Fontaine.

Au salon de 1848, Hector Viger a deux portraits et une toile : *Esclave dans son harem*.

A celui de 1850, il envoie *deux portraits* et une toile *la sainte Vierge, travaillant dans le temple*, peinture que l'on voit aujourd'hui à Saint-Jean d'Angle.

Il apparaît à l'Exposition universelle de 1855, avec un grand portrait d'un effet très-original et très-gracieux.

En 1857, il envoie quatre portraits très-remarquables et *le retour de Virgile à Brindes* : c'est ce beau tableau qu'après sa mort, l'administration des Beaux-Arts vient d'acheter, en souvenir de lui, en voici le sujet : Avant

1. Appartient à la veuve de l'artiste.

de terminer l'Enéide, Virgile voulut parcourir la Grèce et l'Italie. Il rencontra, à Athènes, Auguste qui revenait de l'Orient et prit le parti de retourner avec lui à Rome. Mais, étant allé visiter la ville de Mégare, le poëte tomba dans une langueur que la navigation augmenta considérablement. Le mal fit de rapides progrès et quelques jours après son arrivée à Brindes, Virgile mourut à l'âge de cinquante-deux ans. C'est à l'occasion de ce voyage qu'Horace composa l'ode III de son premier livre : *Sic te diva potens Cypri.*

Ce tableau n'est pas composé de moins de douze personnages, il est d'un aspect tout à la fois magistral et séduisant, séduisant par le charme de la couleur, la grâce des attitudes des jeunes disciples de Virgile, magistral par l'arrangement des lignes, par la beauté et la correction des figures. Toutes les expressions sont rendues avec beaucoup d'observation, les lignes sont heureusement combinées, la figure du poëte est des plus réussies. A demi-couché sur un lit de pourpre, dressé au centre de la barque antique qui le ramène à Brindes, vêtu de draperies blanches, abrité des rayons trop ardents du soleil par un velum que le vent soulève légèrement, il récite quelques-unes de ces pages si touchantes qui attendrissaient si fortement Octavie, lorsqu'il répétait d'une voix harmonieuse ces vers concernant son fils : *Si qua fata aspera rumpes.* »

Les jeunes disciples qui se groupent autour du lit du poëte écoutent respectueusement cette voix dont les heures sont comptées et il se mêle à leur admiration un mélancolique attendrissement. Le nu est traité comme sait le faire celui qui en a fait l'étude de toute sa vie, les natures sont bien choisies, élégantes, distinguées. Les rameurs eux-mêmes semblent se laisser charmer. C'est une véritable œuvre de style.

De 1848 à 1857 nous retrouvons Viger, produisant *Saint Jean endormi dans le sein du Christ*, toile très-suave d'expression et dans une tonalité extrêmement douce. Ce tableau est aujourd'hui en Amérique. *L'enfant Jésus au milieu des Docteurs*, commandé par l'État et placé au collége de Napoléon-Vendée, très-bien composé, d'un coloris clair et très-brillant. *Une Descente de croix* achetée par le ministère d'État et donnée à Saint-Martial de Limoges. Des qualités très-sérieuses dans l'exécution, un effet de couleur très-justement trouvé pour représenter une telle scène. Ce tableau peut être placé parmi ceux de ses meilleurs en ce genre. Quelques années plus tard, il reproduisait, dans un magnifique dessin, digne d'un graveur, cette toile dont le sujet l'avait vivement impressionné et il y mettait peut-être encore, si cela est possible, plus d'élévation et de caractère dans chacun des personnages qui la composent.

En 1859, il expose trois tableaux de genre : *La Corbeille de noces*, *L'enfant malade*, *Cléopâtre*, puis *l'Éducation de la Vierge* achetée par la direction des Beaux-Arts. On y remarqua beaucoup d'élévation dans la sainte Anne et une grâce angélique dans la jeune Vierge. A cette même exposition, il produit *la mort de saint Joseph*, toile commandée par le ministère d'État et placée dans l'église de Muret (Haute-Garonne.)

Dans ce dernier tableau où le sentiment religieux est imprimé au plus haut point, on sent que l'artiste est maître désormais de toutes les difficultés et que, parvenu dès cette époque à la maturité de son talent, Hector Viger ne va plus quitter le pinceau. Sa vie devient, en effet, un courant de travail, de lectures, de compositions de toutes sortes. Il puise dans le bonheur du foyer domestique un aliment toujours nouveau et toujours fécond.

Cette même année, il fait trois grands dessins pour les verrières du chœur de Saint-Leu : *le Christ, Moïse, Elie,* dessins commandés par la Ville de Paris.

En 1860, il exécute *deux Vierges ravissantes pour Brionne, La Colombe messagère, La lettre, Le départ pour le bal, Le Lever, Le moineau de Lesbie, Thysbé.*

Au salon de 1861, il expose *Flore et Zéphir* et *Saint Lazare débarquant à Marseille.* Ce dernier et remarquable tableau commandé par le ministère d'État est au Musée de Semur. La tête de saint Lazare est d'une belle expression, sainte Marthe est charmante de grâce, Madeleine nous donne bien l'idée de la beauté superbe de celle qui essuyait de sa luxuriante chevelure les pieds du Christ. Le sentiment religieux se révèle dans les physionomies, on voit, dans toutes, la foi et l'espérance.

« Quant à la première de ces deux toiles *Flore et Zéphir* [1], c'est une œuvre forte, tout en étant une œuvre gracieuse. La déesse des fleurs est indolemment étendue sur un parterre de verdure, la tête légèrement penchée à gauche et souriant d'un sourire divin à Zéphir. On voit que le sujet a été longtemps étudié, mûri par l'auteur. C'est une œuvre de prédilection ; une étude magistrale du nu, de la beauté physique. La taille est belle et riche, le regard est séduisant, la chair frémit pour ainsi dire,

1. Ce tableau est en la possession de Mme Ve Viger.

tout est disposé avec une grâce esquise. Dans cette toile il y a un grand talent d'expression, beaucoup de sentiment, une couleur harmonieuse, une exécution franche; c'est l'œuvre d'un vrai peintre[1]. »

Comme pour *La descente de croix* citée plus haut, l'artiste se plut à reproduire dans un fort beau dessin cette œuvre forte et gracieuse à la fois.

En 1863, Hector Viger est représenté au salon par *La mise au tombeau* achetée par la direction de la maison de l'Empereur et des Beaux-Arts. Ce tableau est placé maintenant à l'église de Pomard (Côte-d'Or), à quelques lieues seulement de l'endroit où l'artiste devait lui-même être enseveli en 1879. C'est une note mélancolique dans l'œuvre du peintre. La Vierge s'appuie sur l'épaule de saint Jean. A l'entrée de la grotte, Madeleine, une délicieuse figure, à quelques marches plus bas, tient un flambeau qui éclaire d'une façon pittoresque ceux qui descendent respectueusement le corps du divin Sauveur dans le sépulcre.

Toutes les lignes de cette composition se balancent d'une façon très-heureuse, les expressions sont admirablement rendues et l'effet de jour et de lumière est combiné d'une façon des plus ingénieuses.

En 1863, la Préfecture de la Seine lui commande *un Christ en croix* pour le Palais de Justice de la ville de Paris. Ce Christ figura au salon de 1864.

De 1863 à 1864 il fit encore *Une assomption de la Vierge* pour la chapelle du château du Champ de bataille (Eure) et un tryptique, *La Foi, L'Espérance, La*

1. Critique de C. Corassan dans la *Revue des Beaux-arts*.

Charité, scènes allégoriques et anecdotiques avec costumes du XVIe siècle, pour décorer le château du marquis de Lambertye.

En juin 1863, une riche Anglaise lui commande deux portraits, l'un l'*Impératrice Joséphine en grand costume de cour*, devait faire pendant au magnifique portrait de Napoléon, par Delaroche, le second représentait la *Reine Hortense* accompagnée de son troisième fils. Pour bien peindre de tels personnages, il faut étudier leur histoire à fond afin de les bien connaître. En apprenant à les connaître, Viger devint un admirateur de la bonne Joséphine, et de ce jour il voulut la faire revivre sous ses pinceaux passionnés.

D'autres avaient peint la grande épopée militaire ; à lui était réservé le côté anecdotique, la partie intime de l'histoire. En choisissant cette brillante époque du Consulat et de l'Empire et en la ressuscitant avec un art tout intime, sans abandonner la peinture religieuse vers laquelle il fut toujours porté, Viger trouva enfin, sans l'avoir cherché, sa véritable physionomie personnelle dans l'École moderne, c'est cette physionomie qui lui assure une place à part dans notre art français. Les faits, les hommes, les femmes de cette élégante et originale période, sur laquelle il avait beaucoup étudié, le préoccupaient vivement. Ces costumes où l'art grec et l'art Louis XVI s'unissaient dans un mariage si piquant fut pour lui comme une révélation. Cette révélation lui inspira une série de tableaux exquis où la vérité historique qu'il traduisait, d'après les documents originaux, ne nuisait en rien à la poésie, à la grâce des scènes qu'il avait à reproduire. Fidèle à ce genre et à cette époque auxquels il dut ses plus brillants succès, il entremêla désormais à tous ses tableaux d'histoire, ces pages gracieuses du Consulat et de l'Empire, où il n'eut pas de rival, parce qu'il les a peintes et rendues avec ce sentiment profond de l'artiste qui aime son sujet et qui y excelle.

C'est ainsi qu'en 1864 il expose *La visite de l'Empereur Alexandre de Russie à la Malmaison*[1]. C'est aux derniers jours de sa vie et de sa splendeur, que Joséphine reçoit dans ce délicieux salon de la Malmaison, l'Empereur Alexandre qui désirait connaître celle dont il connaissait tout le charme pénétrant.

Une fois en possession du succès, l'artiste peint successivement ces délicieux tableaux dont Joséphine est l'héroïne.

Au salon de 1867, qui n'a admiré *Joséphine sous la Terreur?* Mme de Beauharnais porte le costume de 1795, auquel elle ajoutait des ornements de sa fantaisie créole; les cheveux sont encore légèrement poudrés, le madras de soie sur la tête, la carmagnole violette et le gilet ponceau, rien n'y manque. Boilly, dans une délicieuse miniature, nous la donne ainsi avec le plus ravissant profil qu'on puisse rêver. Hector Viger la reproduit habilement dans sa visite au Luxembourg. Cette admirable petite toile, si pleine de sentiment, popularisée par la photographie, fut achetée par le marquis d'Havricourt, à la suite de l'Exposition d'Arras.

Dans le *Souvenir de la Malmaison*[2] (salon de 1866), Joséphine est devenue la femme de celui qui, après avoir

1. Ce tableau est encore en la possession de la veuve d'Hector Viger.

2. Ce tableau est en la possession de la veuve de l'artiste.

couvert la France des lauriers de la victoire, a ramené l'ordre, la religion et la paix; nous sommes en plein consulat. Le héros se délasse à la Malmaison des soins du pouvoir, et dans un riche parterre, auprès des eaux jaillissantes, sont un essaim de jeunes femmes réunies autour de la charmante Joséphine; elles forment ainsi un véritable décaméron de beautés féminines, derrière lesquelles on distingue la mâle figure du maître de la maison.

Puis Hector Viger nous montre *la Toilette du Sacre* (salon de 1865). C'est l'Impératrice dans toute sa splendeur; elle est radieuse de beauté, de grâce, de bonheur. Toutes celles qui l'entourent sont des princesses qui demain seront des reines : Caroline, reine de Naples, Hortense, reine de Hollande, Julie Clary, reine d'Espagne. C'est la belle époque de l'Empire naissant, des triomphes de la jeunesse, un avenir qui semble sans nuages, en un mot c'est l'aurore éblouissante du siècle!

Dans ce tableau, que le musée de Marseille a le bonheur de posséder, l'artiste a déployé toutes les richesses de sa palette si fine et si distinguée, en traitant cette scène à la fois familière et impériale, où l'Impératrice Joséphine fait la répétition de la cérémonie du sacre dans un des salons de l'archevêché. Le grand succès de ce tableau de genre qui équivalait à celui de bien des tableaux d'histoire ramenait souvent le peintre, tout plein d'une gratitude posthume, dans cet historique château de la Malmaison livré aujourd'hui aux mains et à la pioche des Vandales. C'est là qu'Hector Viger, parcourant souvent ce beau parc illustré par le génie et par la grâce, retrempait sa pensée et réchauffait son talent; c'est là qu'était né *le Souvenir de la Malmaison*, exposé en 1866, avec *Stella*[1], une tête d'étude fort belle.

En reproduisant ces temps qui sont si près et qui semblent si loin cependant, combien Hector Viger n'a-t-il pas recueilli de succès? C'est qu'il a su joindre à l'intérêt du sujet le talent qui retient et qui charme les vrais connaisseurs. C'est qu'avant de se faire peintre de genre et peintre de l'Empire, il a été peintre d'histoire; on peut déshabiller ses personnages, on y trouvera le nu parfaitement dessiné; tous ses tableaux de petite dimension sont composés de telle sorte qu'ils pourraient être reproduits de grandeur naturelle sans rien y perdre. Sous le peintre de genre, on reconnaît facilement le peintre d'histoire.

Il faut ajouter encore que ce ne sont point des figures de fantaisie que l'artiste nous présente dans ces tableaux si divers, ce sont des portraits fidèlement rendus.

Mais les sujets de l'époque consulaire et impériale n'empêchaient pas Hector Viger de peindre l'histoire ancienne, sacrée et profane.

Au salon de 1867 il expose *le Martyre de saint Denis et ses compagnons*, commandé par la ville de Paris pour l'église Saint-Jacques du Haut-Pas. Cette toile est d'un style très-élevé, la grande figure du saint est d'un beau caractère et domine toute la composition. Saint Eleuthère baise respectueusement le manteau de l'évêque de Paris avant de présenter sa tête au bourreau; saint Rustique est déjà immolé, mais l'artiste a eu la délicate pensée d'épargner au spectateur la vue du sang, le mar-

1. Ce tableau est en la possession de la veuve d'Hector Viger.

tyr dont on devine le corps est enveloppé dans ses draperies. Il y a un groupe de femmes à gauche qui est des plus gracieux. Une anecdote véritable à ce sujet : l'abbé Deguerry, un martyr lui aussi, membre de la commission des Beaux-Arts, était venu chez Viger pour voir son tableau. Il avait admiré son œuvre, mais il trouvait le groupe des trois femmes trop mondain, il critiquait la coquetterie de l'arrangement. « Monsieur l'abbé, lui répondit l'artiste, il ne faut pas oublier que c'étaient déjà des parisiennes. »

Au salon de 1868, Viger expose le *Pas de Gavotte* acheté par le ministère de la maison de l'Empereur et des Beaux-Arts et qui est aujourd'hui au musée d'Argentan.

Voici le sujet : « Après un déjeuner où *Mme Récamier* avait réuni à sa table les illustrations françaises et anglaises alors à Paris, durant la paix *d'Amiens*, on prenait le café au salon, lorsque *Vestris* arriva pour faire répéter à *Mme Récamier un pas de gavotte* qui devait être dansé le lendemain à un bal chez la duchesse *de Gordon*, par *Mme Récamier* et *lady Georgiana*, plus tard *duchesse de Bedford*.

« Il ne pouvait être question de renvoyer un maître tel que *Vestris* !

« Les dames consentirent donc à répéter *la Gavotte* devant nous. Elle fut dansée au son de *la Harpe* et *du Cor*.

« *Mme Récamier, le tambourin* à la main, l'élevait au-dessus de sa tête avec une grâce toujours nouvelle, tandis que *Lady Georgiana*, qui, au lieu *d'un tambourin*, avait pris un *châle de blonde*, semblait, bayadère plus timide, vouloir s'en servir comme d'un voile[1]. »

Les principaux personnages sont, d'un côté : *Junot, Talma, Bernadotte, Eugène, Mme de Staël, Mme de Vaudé, Mme Bernard (mère de Mme Récamier)*; — de l'autre côté : *Lord Holland, Lady Holland, Fox, la duchesse de Gordon*; au centre : *Mme Récamier, Lady Georgiana* et *Vestris*. Il faudrait, pour bien apprécier ce tableau, relire les journaux de cette année et qui constatent tous l'immense succès de la Gavotte devant laquelle la foule se pressait au salon. C'est une charmante et délicieuse composition dans laquelle l'artiste a rendu avec une étonnante divination les attitudes, les physionomies, les costumes du Consulat comme, seuls, Debucourt ou Boilly auraient pu le faire. L'artiste était parvenu, dès ce moment à l'apogée de son talent.

En 1869, Viger envoie au salon : *Les Loisirs de la Malmaison*, et dès l'ouverture l'heureux possessseur est un riche américain, *M. Brewer de Boston* (*Amérique*.)

Voici ce qu'en écrivait un journal de l'époque : « Quand vous êtes dans le salon carré regardez l'endroit, le point plutôt, où la foule est le plus pressée, le plus compacte, vous verrez bien l'agglomération des visiteurs, mais il sera mal aisé d'apercevoir le tableau sur lequel convergent tant de regards curieux. Tâchez de vous rapprocher ; à mesure que le groupe se desserrera, vous verrez un tableau relativement petit, placé à la cimaise, en largeur, et quand vous pourrez le bien regarder,

1. Mémoires de Mme de Vaudé.

vous saurez que c'est le tableau d'Hector Viger, intitulé : *Les Loisirs de la Malmaison.*

« Après le déjeuner, *l'Impératrice* s'occupait à broder au métier, les dames travaillaient à différents ouvrages, et un chambellan de service, lisait tout haut les romans, ouvrages et mémoires qui paraissaient. *M*[lles] *Deslieux* chantaient toutes deux à merveille. Sa Majesté aimait beaucoup à les entendre, et lorsque la *Reine Hortense* venait, on quittait l'uniforme permis, et nous nous habillions comme pour un bal. *Redouté*, chargé de dessiner *la Flore de la Malmaison*, soumettait à *Joséphine* chacune de ses œuvres. » N'est-ce pas que le sujet était de nature à inspirer l'imagination et à tenter le pinceau si délicat et si caressant du peintre des salons de l'Empire[1] ?

En 1870, *Les Libellules*, achetées par le Ministère des Beaux-Arts, aujourd'hui au musée d'Alençon. C'est une étude de femme grandeur nature, se balançant sur une branche d'arbre, au dessus de l'étang des nénuphars de *la Malmaison*. « Parmi les nymphéas au cœur d'or, dans le lac, une branche se plonge; son feuillage léger comme ta blonde chevelure, a pris les formes de la nacelle antique. Pour combattre la chaleur brûlante, à t'y balancer la fraîcheur et l'ombre t'invitent. Ton beau corps aussi flexible que le sophora touche à peine la surface du miroir où se reflète la verdure. Les Libellules d'azur, avec leurs ailes de gaze, voudraient, près de toi, suppléer aux zéphirs. Pourquoi les chasser avec ton voile que borde la fleur argentée ?

1. De Lauzières-Thémines. — *La Patrie* de 1869.

« Craindrais-tu leurs innocents baisers ? »

La couleur et le modelé surtout étaient des plus remarquables, on pouvait voir que Viger avait été à bonne école, que ses études ne laissaient rien à désirer.

Au même salon, un tout petit tableau : *Je ne pars plus, car vous avez pleuré* (acheté par le Ministère des Beaux-Arts), aujourd'hui au musée d'*Orléans*. C'est peut-être dans le genre gracieux, ce que l'artiste avait de plus complétement réussi, sous le rapport du dessin, du fini, de l'harmonie, de la couleur.

Le 29 Août 1870, Viger termine *la chambre à coucher où mourut l'Impératrice Joséphine à la Malmaison*[1], chambre complétement détruite aujourd'hui et dont Viger seul possède un souvenir. C'est un souvenir des plus précieux au point de vue de l'histoire, et des plus intéressants comme exécution et aspect pittoresque.

De 1870 à 1871, l'artiste fixe sur la toile des scènes anecdotiques du siége de Paris.

Viger avait une mémoire prodigieuse, il lui suffisait de voir pour se souvenir ; de là, ces intéressantes esquisses[2] du siége où il nous montre tour à tour, *Les Artilleurs aux Tuileries*, *Les Campements aux Champs-Elysées*, *La Forge*, effet de jour, puis effet de nuit et toutes les scènes pittoresques produites par l'installation de nos troupiers au Champ-de-Mars.

Il exécute encore en 1871 le portrait du *Marquis de Trécesson*, tué à l'affaire de Champigny.

Durant la Commune et comme contraste, il compose

1. Ce tableau est en la possession de Mme Ve Viger.
2. Toutes ces esquisses sont en la possession de Mme Ve Viger.

une série de sujets gracieux qu'il aurait produits en temps opportun si la mort n'était venue, avant le temps, briser son pinceau.

En 1872, encore impressionné des événements de 1870, il exécute l'*Incendie du château de Saint-Cloud*; c'était le 12 octobre, on était en pleine lune, l'artiste a su profiter habilement de ce double effet qu'il a rendu d'une manière très-juste et très-sentie.

Au salon de 1872, il envoie *Le Retour inespéré*, acheté par le Ministère des Beaux-Arts (ce tableau est aujourd'hui au Musée d'Orléans).

Voici l'appréciation de ce tableau par le critique de la Patrie : « Non loin de là, on voit une toile de petites proportions, un simple tableau de chevalet, un de ceux devant lesquels la foule se serre plus épaisse et plus curieuse, elle a pour titre : *Le Retour inespéré*. Le jeune officier dont le bras gauche se ressent encore d'une cruelle blessure, la manche de l'uniforme ouverte par des crevés noués à la ceinture le prouve assez. Ce jeune officier serre de son autre bras la femme aimée sur sa poitrine et paraît la rassurer. Mais elle, qui a tant pleuré, n'en croit pas encore à ses yeux. Remarquez l'intensité de ce regard qui voudrait tout à la fois pénétrer au fond du cœur, s'assurer que c'est bien lui, revenu tel qu'il était parti, et savoir s'il n'a pas tout autant souffert de la séparation que de la blessure. Il y a tout un poëme dans ce regard de femme. Ces deux figures sont bien dessinées, bien groupées, bien peintes. Le fond est harmonieux, les accessoires finement étudiés. On voit au loin un domestique gravir l'escalier avec le porte-manteau de l'officier sur l'épaule. Tout cela est gracieux, joli, élégant, et, ce qui vaut encore mieux, réussi. »

En 1873, Hector Viger peint *Saint Denis, évêque*, pour l'église de *Dugny* ; cette toile très-belle lui avait été commandée par la ville de Paris. Au salon de la même année, il veut prouver, une fois encore, à ceux qui paraissaient supposer qu'il ne sortirait pas des sujets du premier Empire et de ces figures si amoureusement caressées, qu'il sait faire grand quand il le veut. Cette année-là, il expose une belle figure de *Corinne* [1] faisant ses adieux à l'Italie et une grande toile mi-partie genre et histoire, et intitulée *Les Corbeaux*. Ce qu'il appelle *Les Corbeaux*, les bien nommés ! sont ces créatures sans nom, sans nationalité, mégères ou rôdeurs qui dépouillent les cadavres sur les champs de bataille. On en voit plusieurs sur son tableau qui accomplissent leur œuvre infâme aux sinistres et pâles clartés de la nuit.

La figure du jeune officier qu'on vient de dépouiller est superbe, une académie artistement dessinée. On ne dirait jamais le même peintre des belles patriciennes du premier Empire. Ici tout est vigueur et énergie. La toile est tenue dans la gamme sombre exigée par le sujet. C'est tout à la fois une belle œuvre d'art et une flétrissure de ce crime révoltant qui échappe souvent à la justice. C'est une des plus fortes de l'artiste, c'est une de ces toiles qu'on exécute avec fièvre, avec passion, où l'on met une partie de son âme et de sa vie et qui remue et retient forcément le spectateur. (Mme veuve Viger con-

1. Ce tableau acheté par la direction des Beaux-arts en 1878 est au musée d'Argentan.

serve précieusement cette grande toile, dont la place est indiquée dans l'un de nos musées.)

Quant à la *Corinne* [1], rayonnante dans sa beauté et poétique dans sa mélancolie, nous avons déjà vu ce type gracieux et caractéristique dans quelques autres œuvres du peintre. Il semble l'affectionner tout particulièrement. Du reste, sous le nom de Corinne, il ressort mille fois davantage. La Galathée antique, pour s'animer, dut être aimée par l'immortel statuaire; l'étincelle du feu sacré peut bien s'échapper de la flamme qui embrase un cœur aimant. Pour que les toiles où Hector Viger peignit *Corinne* parussent si belles, il fallut que le peintre fut épris de cette poétique figure.

C'est encore à la critique que nous empruntons l'appréciation des trois ouvrages exposés au salon de 1874.

« M. Viger a envoyé trois tableaux au salon, il n'a pas cette fois demandé ses sujets aux splendeurs du premier Empire, qu'il affectionne particulièrement et dont on pourrait l'appeler le peintre officiel. On regrettera toujours ces ravissantes têtes qui reproduisaient les personnages les plus sympathiques de cette époque avec lesquels on dirait que M. Viger a vécu, en dépit de son âge encore très-vert, tant il connaissait ces figures typiques et tant ce qui concerne l'Empire lui est familier. L'an dernier, M. Viger exposa un grand tableau, moitié genre, moitié histoire, intitulé *les Vautours* ou *les Corbeaux*. Cette année il est sorti à moitié de son habitude, au point de vue du choix des sujets. Je dis à moitié, car il a exposé une Corinne, enfant de l'Empire, elle aussi... L'artiste a

1. Critique de M. de Lauzières-Thémines.

pris *Corinne au moment où elle visita avec Osvald l'église de Saint-Pierre de Rome*[1]. Madame de Staël dit : « Corinne elle-même souleva le rideau et le retint pour laisser passer lord Nelvil; elle avait tant de grâce dans cette attitude que le premier regard d'Osvald fut pour la considérer ainsi. » Vous voyez bien : « elle avait tant de grâce. » Eh bien, c'est cette grâce dans la pose, dans l'attitude, dans la physionomie, dans toute la personne de Corinne, que l'artiste s'est attaché à reproduire et qu'il a réussi à fixer sur la toile. Le personnage principal domine dans cette belle composition, que la gravure devrait se hâter de populariser, elle qui n'a pas toujours été aussi heureuse dans ses choix. C'est surtout, ou plutôt c'est tout d'abord la composition que l'on admire dans ce tableau; les détails viennent après, et l'on sait si le peintre les soigne. Je signale surtout à votre attention le groupe de mendiants à droite du spectateur. A lui seul il ferait un magnifique tableau de genre. Comme pondération celui de gauche, non moins agencé en fait de ligne, lui fait pendant. Le regard n'est distrait par rien; pas d'appel mal à propos sur un point plus que sur un autre, sauf sur la figure de Corinne; ce qui était obligatoire.

« Tout est harmonie sur cette toile, bien qu'elle ne soit pas d'une tonalité froide et éteinte.

« J'ai eu le tort d'examiner celle qui est intitulée: « *Pour les pauvres, s'il vous plaît !*[2] » après *Corinne*. C'est la petite élégie, après l'ode aux strophes ailées. J'aurais dû

1. Achetée par le Ministère des Beaux-arts. Aujourd'hui placée au musée de Cherbourg.

2. Ce tableau est en la possession de la veuve de l'artiste.

commencer par là, elle m'eût paru moins modeste. C'est une femme — toujours le type si heureux de M. Viger, son type favori, qui fait reconnaître ses œuvres entre mille. Et il est charmant ce type-là! C'est une femme qui tend son aumônière où la charité des passants va déposer son offrande. La quête sera productive si c'est une aussi gracieuse dame de charité qui la fait. Mais je n'ai pas eu tort, par exemple, de garder pour le dernier, le tableau intitulé : « *Effet de glace dans une avant-scène*[1], » et qui, à mon avis du moins, est la plus précieuse des trois, ou, si cela fait de la peine à *Corinne*, la plus difficile. L'auteur a dû être frappé de l'effet de lumière sur un beau buste de jeune femme au théâtre. Les caprices de reflets se sont fixés dans sa mémoire. Il a refait dans son atelier l'avant-scène avec ses jeux de lumière. Il en est résulté un tableau d'une audace heureuse et d'une vérité étonnante. Rarement j'ai vu tirer un plus beau parti des phénomènes de la lumière. »

Au salon de 1875, Hector Viger expose *La Mauvaise Nouvelle*[2]. Une ordonnance apporte une lettre à une jeune et belle femme qui se rendait au bal en grand costume de cour. Elle apprend ainsi la mort d'une personne aimée, de son mari sans doute. La lettre lui est tombée des mains et l'infortunée s'appuie à la balustrade de l'escalier, près de tomber en défaillance. Dans le vestibule, cruelle ironie du hasard, se profile le groupe si voluptueusement gracieux de l'Amour et Psyché, de Canova. La composition, la pose des figures, l'expression,

1. Ce tableau fut acheté pour la loterie de l'Exposition universelle de 1878.

2. Ce tableau est en la possession de Mme Ve Viger.

l'harmonie des tons, le soin minutieux et délicat des détails, en font un ravissant tableau de genre et dont l'auteur a eu le bon esprit de ne pas exagérer les proportions. Au salon de la même année: *La neuvaine de Sainte-Geneviève* [1]. Si charmant que soit le tableau de *La Mauvaise Nouvelle*, c'est devant la Neuvaine que la foule des visiteurs est attirée de préference. Les dimensions de celui-ci sont bien plus grandes, quoique les figures aient à peu près les mêmes proportions que celles du premier.

« Bien peu d'artistes en quête d'un motif de tableau ont le rare bonheur de rencontrer sur leur passage un sujet tout composé, et quand ils le trouvent, très-souvent ils ne savent pas le voir. C'est qu'il leur manque l'inspiration qui jaillit d'un coup d'œil, prompt à saisir les grandes harmonies d'ensemble offertes par la nature si féconde en intentions heureuses. Cette sensibilité intelligente, Hector Viger semblait la posséder éminemment, car en voyant cet épisode de la *Neuvaine de Sainte-Geneviève*, il semble que la composition s'est en quelque sorte fixée instantanément dans son œil, et que son heureuse mémoire lui a permis de reproduire son souvenir d'une façon pittoresque et magistrale.

« La dernière messe est finie, déjà le flot des fidèles qui vient honorer les reliques de la sainte s'accroît d'instant en instant; plein d'un saint respect le troupeau se presse au bas de l'estrade où est déposé le reliquaire d'or ; l'un des chapelains donne la bénédiction en impo-

1. *La Neuvaine de Sainte-Geneviève* est restée en possession de la veuve de l'artiste.

sant l'étole sur les têtes inclinées; c'est le moment subit qu'il a fallu saisir. Voici le tableau; dans quelques instants le groupe aura disparu pour faire place à une foule compacte qu'on devra régler et maintenir à l'aide de barrières mobiles.

« L'architecture est d'une exactitude mathématique. Chaque partie est étudiée avec un rare bonheur, tout est à son plan.

« Les lignes sont combinées de la manière la plus heureuse et tous les personnages qui figurent dans la Neuvaine ont une telle individualité qu'il est facile de deviner que ce sont des portraits fort ressemblants, y compris le chapelain qui domine la composition. Il y a dans cette personnalité au type sévère, un tel cachet de grandeur, un maintien si noble, un geste si juste, une tête si intelligente qu'il est facile de reconnaître un prédicateur fort estimé et fort admiré et que la foule semble suivre avec une grande prédilection dans les différentes églises de Paris et de la banlieue, où il se fait souvent entendre.

« Toutes les classes de la société sont représentées dans la *Neuvaine*, depuis la grande dame couverte de velours et de fourrures jusqu'à la simple femme du peuple dans son humble costume de laine.

« Dans le groupe du milieu, qui, à lui seul, pourrait être le tableau, se trouve une jeune alsacienne à la mine fleurie; cette petite tête est touchée avec infiniment d'esprit et de facilité, tout près et debout le frère et la sœur; ils sont charmants tous deux. La jeune fille, habillée de grenat, a un profil d'une grande pureté; sa compagne est admirablement drapée dans son schall noir. Le groupe de droite, composé presque entièrement de gens du peuple, n'est pas le moins achevé.

« En première ligne de ce groupe se trouve un militaire, qu'à son respectueux recueillement l'on pourrait bien prendre, sans se tromper, pour un de ces intrépides bretons, qui ont si vaillamment combattu en 1870-71. Près de lui une simple ouvrière, une couronne de violettes passée au bras, c'est, sans aucun doute, une de ces jeunes fleuristes dont les doigts de fée font revivre, en toute saison, la flore de nos jardins et de nos bois. Le suisse, bien campé, mais sans raideur, se fait remarquer par sa fine prestance et son bel uniforme.

« L'ecclésiastique de gauche, le petit enfant de chœur qui le précède et la jeune femme assise sont dans une valeur neutre qui laisse bien toute son importance au groupe principal. Maintenant que dire des deux figures que j'ai gardées pour la fin ? Celle qui pose un cierge sur la torchère est une délicieuse jeune fille, une figurine adorable qui rivalise en charme avec l'autre tout à droite, isolée de l'assistance et agenouillée sur une chaise basse, l'une a toute la grâce coquette de la jeune fille, l'autre toute la sévérité attrayante de la jeune femme. Il semble que le pinceau de l'artiste ait caressé l'une et l'autre avec une certaine prédilection.

« L'aspect général *de la Neuvaine de Sainte-Geneviève* est très-doux malgré toutes ces décorations de circonstance; l'or et les tons de pierre viennent mitiger les valeurs bleues, et donnent une harmonie grise et un peu froide comme cela doit être dans un jour d'hiver et dans un monument tel que le Panthéon.

« C'est une idée neuve, sans banalité que cette composition d'Hector Viger et dont le sujet n'avait jamais été traité par personne jusqu'à ce jour. C'était un des meilleurs tableaux du salon de 1875 et nous n'hésitons pas à dire aussi que c'est une des œuvres les plus remarquables de l'artiste, qui l'a peinte avec talent et avec foi [1]. »

« De 1875 à 1876, Hector Viger peint pour le palais de la Légion d'honneur, en suivant exactement les documents fournis par le musée de Versailles, *La première distribution des croix de la Légion d'honneur dans l'église des Invalides.*

« L'exécution de ce tableau revenait presque de droit à l'auteur de la *Toilette du sacre*, des *Loisirs de la Malmaison*, du *Pas de gavotte*, de tant de toiles qui rappellent les souvenirs impériaux [2]. »

« L'exécution est excellente, pleine de savoir et d'entrain. Viger a même su mettre de l'esprit dans la manière dont il a touché toutes ces têtes de vieux guerriers, dont les uns remontent à Louis XV et dont les autres n'ont pris le fusil que pour défendre la patrie en danger ; dont les plus anciens peuvent avoir été à Rosbach, tandis que les plus jeunes furent les compagnons de ces généraux de trente ans qui seront plus tard les vainqueurs d'Iéna.

« L'artiste s'est tiré de ce travail avec le soin et la précision qu'il apportait dans toutes ses œuvres, précision qui n'engendre pas cependant la froideur et la mono-

1. *Journal de l'Orne.*
2. Critique de *La Patrie.*

tonie, ni la sécheresse dans l'exécution, tout au contraire[1]. »

« Ce sujet, traité de 1804 à 1812, par *Debret*, n'a donc point perdu à passer par les pinceaux de Viger. Sa toile, dont le haut s'arrondit presque en demi-cercle, a la forme d'un paralléllogramme cintré; cette forme, en s'éloignant complétement de celle de *Debret*, a nécessité de notables changements.

« Dans une tribune élevée sous le dôme, où reposent aujourd'hui les cendres de Napoléon, cent quarante invalides de tout âge manifestent par leur attention toute la part qu'ils prennent à cette grande fête Un autel est dressé au bas de la tribune, et sous un baldaquin, Mgr de Bellay et ses grands-vicaires président à la cérémonie.

« Les murailles tendues de draperies richement brodées, l'estrade où est assis le premier Consul, sous un dais de velours rouge aux franges d'or, les tapis couvrant le sol, les costumes si variés, les plumes, les pompons, les armes, les faisceaux et les trophées, tout cela forme un ensemble très-riche à l'œil et qui ne dépare point le salon des grands chanceliers où il est placé.

« Derrière Napoléon, Duroc, Lannes, toute la pléiade de jeunes généraux, brillants satellites de l'astre nouveau. Napoléon, penché gravement vers un invalide privé de ses deux bras et soutenu par un colonel des hussards rouges, décore de sa main le brave mutilé. A gauche du premier Consul, le gouverneur des Invalides tient un plat

1. Critique de *La Liberté*.

d'argent rempli de décorations, étoiles qui vont briller sur la poitrine des heureux élus. Plus bas et assis, Cambacérès, Murat, Berthier, Regnault de Saint-Jean d'Angely, en grand costume, regardent attentivement la scène principale; au centre, Denon, Fesch, qui fut plus tard cardinal et un magistrat en robe rouge, tenant tous trois la décoration qu'ils viennent de recevoir. La tête du mamelouk Roustan ressort sur le fond plus en arrière. Puis un groupe enthousiaste agitant tricornes, shakos, colbacks et se pressant les mains, se détache en vigueur sur le plan intermédiaire composé de tons clairs, habits blancs, bleus, rouges, dolmans gris, burnous de mamelouk. On voit à gauche s'accusant aussi en vigueur sur les fonds clairs, deux marins, Surcouf et l'amiral Bruix. Toute cette partie est d'un effet de coloris des plus heureux[1]. »

Pour terminer nous citerons les vers improvisés sur des bouts rimés que le marquis de Lonlay, un vrai poète et un compatriote de l'artiste, adressait au grand chancelier de la Légion d'honneur, à propos du tableau peint par Hector Viger.

> Rendons grâce à celui dont l'art peut sur la *toile*
> Illustrer les hauts faits d'un passé *glorieux*
> Et tracer aisément l'histoire, sans *imbroille*,
> De cette croix d'honneur, talisman *radieux*.
>
> A nos jeunes guerriers, dont le regard se *voile*
> Des pleurs que font jaillir de maternels *adieux*,
> Il montre à l'horizon cette brillante *étoile*
> Qui les change en héros et presque en demi-*dieux*.

1. Critique de *La Patrie*.

Pour Viger d'Argentan, au nom si *populaire*,
Qui tous les ans expose au salon et sait *plaire*
Au public connaisseur, pour lui *passionné*

Je réclame la croix et je suis *étonné*,
En voyant son talent, devant qui je *m'incline*,
Qu'on ne l'ait pas encor mise sur sa *poitrine*.

Au salon de 1876, Viger expose *Benedetta*[1] et le portrait de Mme A. B***.

Voici l'appréciation du critique de *la Liberté* sur Benedetta :

« Aux tableaux de genre, on peut rattacher ces têtes qui sont, non des portraits exacts, mais les images vagues de quelque idéal, la représentation d'un pays incarné dans une femme, d'un rêve personnifié dans quelque jeune fille. Viger nous présente une italienne un peu différente de celle que nous connaissons, une italienne mélancolique, ou du moins voilant l'éclat de ses yeux d'une ombre passagère de tristesse qui est une grâce de plus ; Benedetta, tel est le titre sous lequel s'annonce à nous cette apparition séduisante, que quatre vers raconteraient, si elle ne se racontait pas elle-même avec l'éloquence de ses regards alanguis.

Je suis née un jour de printemps
Sous le ciel embaumé de la brune Italie,
Avec ses fleurs, avec ses chants,
Avec son beau soleil, j'ai respiré la vie.

Ainsi chante le poète tandis que l'artiste peint. N'est-ce point le cas de rappeler l'éternel *at pinctura poesis?*

1. Ce tableau est en la possession de la veuve de l'artiste.

Citons aussi le sonnet du marquis de Lonlay :

A Benedetta.

Belle Benedetta, dont l'attrayant sourire
Se marie à votre air aimable et gracieux,
Dieu vous dote, je crois, de traits délicieux,
Pour que de vous l'artiste heureusement s'inspire.

Se joignant à l'esprit, qui vers vous nous attire
Dans le limpide azur de vos doux et grands yeux,
Il semble qu'un rayon est descendu des cieux,
Afin de nous soumettre à leur trop juste empire.

Ainsi que le métal arrêté par l'aimant,
A l'Exposition, dans un tableau charmant,
J'ai vite reconnu votre image fidèle.

Ce chef-d'œuvre de l'art et du cœur à la fois
M'étonne, et je ne sais vraiment ce que je dois
Davantage admirer du peintre ou du modèle.

Enfin terminons l'appréciation des tableaux de Viger exposés au salon de 1876 par la critique de *M. de Lauzières-Thémines.*

« C'est bien là la belle fille d'Italie, aux cheveux noirs comme l'aile du corbeau, au teint que les baisers ardents du soleil n'ont attaqué qu'à regret ; encore ne se sont-ils posés que sur la figure de la jeune Italienne. Ils n'ont pas osé brunir ses bras, ses mains. Voyez comment ses rayons caressent la main droite et donnent à la peau cette espèce de transparence que l'on dirait lumineuse. La main gauche tient le tambourin, dont elle vient de jouer.

« A quoi rêve-t-elle cette belle enfant de Sorrente ou

de Pausilippe, avec ses yeux profonds et éloquents? Observez-la bien cette toile d'Hector Viger, c'est une des beautés du salon.

« Cette Italienne d'Hector Viger, cette Benedetta la bien nommée! est un portrait, portrait fort ressemblant; et le peintre, pour trouver le modèle, n'a pas dû sortir de son atelier, ni de la charmante Thébaïde du passage Stanislas. Aussi n'a-t-elle rien de commun avec cette ribambelle de petits italiens et de petites italiennes qui reviennent chaque année au salon, toujours les mêmes. Sa *Benedetta*, quoique amoureusement caressée, a cependant l'aspect de la grande peinture. Dessin ferme, coloration juste, parti de lumière excellent, pas banal surtout, audacieux même, mais d'une audace qui triomphe. On sait que la fortune est l'amie de ceux qui osent.

« Laissez-moi aussi vous citer une autre toile d'Hector Viger, un simple portrait celui de *M*^me^ *A. B...*, une de ces femmes dont même en n'ayant pas l'honneur de la connaître, on doit dire, rien qu'à voir sa physionomie grave et douce tout à la fois : « elle doit être bonne et intelligente. » Je ne me figure pas autrement le type de la femme secourable, de la mère chrétienne, de la patronnesse d'œuvres de bienfaisance. Vous avez dû rencontrer sans doute l'original de ce portrait à l'église ou dans les mansardes habitées par l'infortune. »

Dans l'année qui précéda la catastrophe qui devait briser son pinceau, en 1877, l'artiste n'envoie qu'une seule figure, une *Napolitaine*, mais c'est comme le sonnet sans défaut; elle vaut seule un grand tableau. De son œil mutin, le petit modèle italien, une petite fille, guette l'artiste. Aura-t-elle le temps de faire tourner son dernier tonton? *Un instant de liberté*[1], c'est un moment de grâce pendant la pose. Quel plaisir pour l'enfant qui a dû, pendant de longues heures, rester debout, dansant et chantant au son du tambourin, que ses mains agiles font résonner gaiement, de pouvoir s'étaler sur le plancher de l'atelier, de sortir vivement ses jouets de sa poche et de faire tourner et virer le tonton dans ses évolutions capricieuses.

Dans cette étude, l'artiste a encore montré à ceux qui lui reprochaient quelquefois de trop finir ses tableaux, qu'il sait enlever un morceau de peinture avec verve et facilité lorsque le sujet le comporte.

La même année, Viger exécute le portrait de M. le comte de Sèze pour l'un des salons de la Cour de Cassation, sur la commande du ministère des Beaux-Arts. C'est un des plus beaux parmi ceux qui décorent le nouveau palais de justice.

De 1875 à 1878, il peint encore : une *Sainte Véronique*, *La tour, prends garde*[2], *Le verre d'eau sucrée du modèle*, *Angèle*, le portrait de M. Arthur B..., les *Lilas du Voisin*[2] et *La bonne aventure*[2]; ces deux tableaux ont figuré au salon de 1878. Le portrait de Mlle Blanche-Marguerite de L... qui lui vaut l'honneur de ce sonnet.

C'est bien le frais portrait de Blanche-Marguerite
Ma fille dont l'œil clair est le miroir des cieux ;
Le talent de l'artiste, homme d'un vrai mérite,
Me rend ce beau tableau doublement précieux.

1. Ce tableau est en la possession de Mme Ve Viger.
2. Ces trois tableaux sont en la possession de la veuve de l'artiste.

Je contemple ravi sa lèvre où l'esprit gîte,
Son front intelligent et son air gracieux,
Son teint blanc, ses cheveux, dont le flot d'or s'agite
Au souffle caressant du vent capricieux.

Béni soit le pinceau qui la prend pour modèle
Et la fait ressemblante, au point qu'à tire-d'aile
Mon cœur pour l'embrasser est prêt à s'envoler.

Dans son regard vivant mon âme se reflète,
Jamais illusion ne fut aussi complète :
Je la vois me sourire ; elle va me parler.

« Au salon de 1879, Mme veuve Viger, qui est aussi peintre à ses heures et élève de son mari, a envoyé, outre le *Château de Saint-Cloud*, d'un effet saisissant, une des dernières œuvres de son mari, *Le Fauteuil bleu*[1], dans lequel est assise, avec une pose d'un laisser aller enfantin ravissant, une jeune italienne, un modèle, ayant à ses pieds un tambourin et un violon. C'est une des jolies peintures de genre du salon de cette année[2]. »

Au mois de novembre 1877, Hector Viger reçoit la commande du portrait de *Monseigneur Darboy* pour le musée de Versailles, portrait qu'il doit copier d'après l'original peint par Lehmann et qui appartient à l'archevêché de Paris.

Plein d'admiration pour l'œuvre si parfaite de son maître, il apporte tous ses soins à la reproduction de cette toile et ne veut pas rester au-dessous de ce tableau de maître.

Malgré des jours crépusculaires, malgré les signes

1. Ces deux tableaux sont en la possession de la veuve de l'artiste.
2. *Journal des Arts*.

avant-coureurs de la terrible maladie qui doit le frapper, il travaille avec le même soin et la même ardeur qu'autrefois.

Le 6 février 1878, Monsieur Henri Lehmann lui fait visite; il est très-satisfait de sa copie. Le maître fait seulement quelques observations dont l'artiste tiendra compte. Hector Viger se repose huit jours, puis le 13 *février*, dès le matin, il se met au travail et achève l'œuvre si bien commencée. Vers dix heures du soir, après avoir passé en tête à tête, avec sa chère femme, ces heures de soirée qui devaient être les dernières, il monte à son atelier et tombe frappé par une congestion cérébrale. Des soins immédiats lui font reprendre connaissance ; mais ce n'est qu'une heure de grâce qui lui est accordée. C'en est fait, il ne reprendra plus le pinceau.

Le 25 mars suivant, il est frappé à nouveau, c'est la paralysie qui s'empare de tout le côté gauche.

Le 2 avril, il reçoit l'extrême-onction des mains d'un ami. Avec les sentiments les plus chrétiens et le calme le plus profond, il attend la mort.

Pendant deux mois, sa vie est comme suspendue, mais les soins dont on l'entoure finissent par triompher en partie et il a la joie de revoir son atelier. Il ignore la gravité de son état, on ne prononce jamais devant lui le mot de paralysie, il se croit atteint d'une maladie nerveuse qui passera et, rempli d'espérance, il rêve à de nouveaux travaux, à de nouveaux succès. De temps à autre on lui ouvre ses portefeuilles, il revoit toutes les compositions enfantées par son imagination. Que la santé revienne et sa main si habile en fera bien d'autres encore!

Rempli de reconnaissance pour les soins qui lui sont

prodigués, il semble que les approches de cette fin dernière exalte encore ses sentiments affectueux et il laisse échapper parfois des pensées qui donnent la mesure de la tendresse de son cœur, de la délicatesse de cet esprit si charmant qu'on ne connaîtrait réellement bien qu'en lisant les nombreuses lettres adressées à ses amis.

Le 9 novembre, il sortait pour la dernière fois, mais il avait eu la joie de passer une heure à l'Exposition, de se retrouver au milieu de cette vie, de cette animation, de tous ces produits de l'intelligence humaine, qui le galvanisaient au point de lui faire oublier et son mal et sa fatigue.

Après ce dernier jour de soleil, qui lui avait paru si beau, où son cœur débordant d'admiration pouvait bien lui faire croire que tout n'était pas fini pour lui, l'hiver arrive et les rechutes aussi. Le 29 décembre, il est ébranlé à nouveau, on le sauve, on le croit du moins, car à force d'entretenir ses illusions, sa femme finit par s'en bercer elle-même.

Mais le 22 janvier, au moment des fortes neiges qui couvrent Paris et la France entière, comme d'un immense linceul, une nouvelle attaque survient encore. Pendant plusieurs jours l'artiste n'y voit pas. Jusqu'alors il avait pu lire, c'était sa plus grande distraction. Dès lors, on doit lui faire la lecture, car si la vue revient un peu, la faiblesse générale est si grande, qu'il faut lui éviter toute fatigue. Une maladie de cœur qu'il devait avoir depuis longtemps prend tout à coup des développements inquiétants. Viger monte toujours à l'atelier, mais soutenu, presque porté. N'est-ce pas dans cet atelier qu'il a goûté les joies les plus pures de son existence, n'est-ce pas là qu'il a rêvé, travaillé, été heureux!

Le vendredi, 7 *mars*, il y entre pour la dernière fois. Les grandes souffrances commencent alors et pendant huit jours qu'il garde le lit, ce n'est plus qu'un gémissement continuel. *Le 15 mars à dix heures trente-cinq du soir*, tout était fini!

Le dimanche on pouvait à l'aide de la photographie reproduire cette physionomie si douce et si calme et qui semblait conserver l'empreinte, non pas des souffrances endurées, mais des sentiments chrétiens qui animaient cette âme si élevée. Car, même dans le délire des derniers jours, sa pensée se préoccupait encore de la France et il répétait sans cesse : « Il faut utiliser les gloires nationales », ou bien encore cette autre phrase : « Les gloires françaises reviendront, quand tout Français sera chrétien. »

Ce sont là, pour ainsi dire, ses dernières paroles.

Malgré les amertumes et les déceptions inhérentes de toute vie d'artiste, Hector Viger avait su trouver le bonheur et le conserver. Très-bien doué, d'une imagination des plus fertiles, composant avec une grande facilité, exécutant de même, il serait difficile d'énumérer tout ce que son crayon a dessiné, tout ce qu'a pu rendre son pinceau. Ce n'est pas une simple étude qu'il faudrait écrire, mais tout un volume.

Parfois un peu long à se mettre au travail, on avait de la peine à lui faire quitter la palette une fois qu'elle était entre ses mains. Ce n'était pas trop de l'affectueuse sollicitude de la compagne qui était sans cesse à ses côtés pour lui faire comprendre qu'à ce rude labeur il brûlait l'existence.

Mais c'est surtout dans ces portefeuilles, qu'il nous a été donné de parcourir, qu'on retrouve Viger tout entier, peintre de genre, peintre de portrait, peintre d'histoire, peintre de la grâce et peintre des scènes terribles ou sévères, car sa pensée était vivement impressionnée par tout ce qu'il lisait, tout ce qu'il voyait et par tous les événements qu'il avait pu traverser.

Adorant les fleurs, chaque année, Viger ne manquait jamais de peindre ces admirables roses à cent feuilles qui fleurissaient son jardin avant d'aller fleurir le salon de ses amis. Car Viger était un cœur d'or, large et généreux, qui aimait à donner et on remplirait facilement une salle de toutes les œuvres charmantes, dons d'amitié, souvenirs inappréciables pour ceux qui les possèdent aujourd'hui.

Aimant tout ce qui se rattachait à la curiosité, il avait su, alors que c'était abordable, se former une collection d'objets rares et précieux. Très-modeste est sa collection, mais d'un choix vraiment exquis. Fort intéressante aussi est la série de portraits du temps du premier Empire, qui garnissent tout un côté de son atelier.

Comme homme, Hector Viger, par ses qualités privées, s'était fait estimer de tous ceux qui le connaissaient. Indulgent pour autrui, sévère pour lui-même, il était étranger à tout sentiment d'amertume ou d'envie. Travailleur infatigable, il avait coutume de dire que Dieu avait dispensé une vie bien courte aux artistes dont le métier était de tout reproduire.

Au sein de l'oasis fleurie qu'il s'était créée dans Paris, il partageait sa vie entre ses tableaux, ses visites aux musées, ses recherches dans les bibliothèques, ses stations aux églises. Il aima passionnément la grande peinture profane ou sacrée, il y mit toute son intelligence et tout son sentiment et il y réussit, mais il rencontra surtout le succès dans ses peintures du Consulat et de l'Empire. On peut dire d'Hector Viger qu'il fut le peintre du printemps de ce siècle et c'est par là surtout qu'il lèguera à l'histoire de son art le souvenir d'un talent vraiment original.

Alors que, le 15 mars, mourait à Paris, dans le silence et le recueillement de sa petite maison du Passage Stanislas, cet homme de cœur et ce bon chrétien, cet artiste d'un caractère aussi charmant que modeste, on s'est étonné qu'aucun bruit ne se soit fait à l'occasion de cette mort et qu'en dehors d'un petit cercle d'intimes, on ne l'ait pour ainsi dire pas connue.

C'est qu'Hector Viger, nature ingénue, passionnément et exclusivement éprise de son art, vivait loin de la foule, et que, se conformant pieusement à l'un de ses plus chers désirs, les siens le firent transporter aussitôt dans le petit cimetière de Chassagne, en Bourgogne, où sa tombe constamment ornée de fleurs par une main amie, repose à l'ombre de grandes arbres, dans une solitude que trouble seul le chant des oiseaux.

N'est-ce pas ainsi, du reste, entre des oiseaux, des arbres, des fleurs et sa femme adorée, que s'est écoulée cette existence laborieuse d'Hector Viger.

Certes, ce fut là une vie bien remplie, vie honnête et

studieuse, vie à la fois d'un artiste et d'un sage, et plus tard, quand loin des préoccupations qui nous dominent aujourd'hui, on écrira l'histoire impartiale de notre École, le nom d'Hector Viger, tant à cause du nombre de ses productions que du mérite de ses œuvres, tiendra une place honorable dans l'art français contemporain.

Lettre d'Hector Viger à M. le marquis de L....

Monsieur le Marquis,

Madame Viger voulait vous remercier immédiatement de la petite caisse reçue il y a quinze jours; malheureusement comme la température, on a été prise d'un refroidissement et fort souffrante, en ce moment, on me prie de ne pas attendre davantage pour vous faire agréer l'expression de sa vive reconnaissance, non-seulement pour les morceaux de musique, pour le choix de poésies que contient le précieux volume que vous lui avez envoyé, mais aussi pour le charmant petit article du premier Juillet où il est question de son cher mari, plus absorbé que jamais par le travail.

Beaucoup de vos légendes normandes sont nouvelles pour moi et dans quelques autres je retrouve les vieux souvenirs du pays natal que mon oncle Guesdon me racontait à nos veillées d'hiver. Je me suis vu tout d'un coup reporté bien loin en arrière des temps écoulés et j'ai fait un rapprochement naturel, comparant ma triste enfance avec les joies présentes, rapprochant cette époque où l'on ignore ce que l'on sera, des honneurs que me font mes compatriotes dans le présent et qu'ils rêvent encore pour moi dans l'avenir. Le bronze où le marbre sont loin de ma pensée et de mes ambitions, trop heureux je serai, si, en traçant mon sillon, je puis ajouter quelques nouveaux ouvrages à la liste que vous connaissez déjà et si mes efforts sont soutenus par ceux que les événements ont faits les arbitres de notre sort. La peinture est une maîtresse jalouse à laquelle il faut tout sacrifier, aussi pour complaire à cette seule rivale, Mme Viger, d'accord avec moi, a supprimé dans notre existence tout ce qui pouvait nous en distraire un seul instant : bals, concerts, spectacles, visites, autant de plaisirs dont nous nous privons, pour consacrer tout notre temps à l'art, qui est une bonne partie de notre bonheur et du reste nous offre, en retour, d'amples dédommagements.

C'est vous dire, M. le Marquis, que tout en étant très-flatté de faire la connaissance de la parente de notre illustre Mézerai, il n'est pas très-probable que je trouve un moment de loisir pour aller à Auteuil.

Il ne faudrait pas être quinze jours témoin de notre existence, pour s'apercevoir combien elle est occupée et par notre art et par une foule de devoirs auxquels nous ne pouvons nous soustraire. De tous côtés nous recevons des invitations pressantes pour aller à la campagne et à notre grand regret nous sommes obligés de toutes les refuser. Le temps est l'étoffe dont Dieu a fait la vie, il faut le mettre à profit. Depuis 1870, nous n'avons pas quitté Paris vingt-quatre heures, et Dieu sait si l'air vivifiant que l'on respire en dehors du cercle où nous sommes forcés de rester serait nécessaire, pour remettre des santés abîmées par les deux siéges que nous avons subis, le travail opiniâtre auquel nous nous livrons et les inquiétudes que nous cause l'avenir de notre France bien-aimée. Ma chère collaboratrice, née dans la plantureuse Bourgogne, depuis dix ans n'a pas respiré l'air natal, bien plus loin est le temps, où son mari, enfant de la grasse Normandie, n'en a revu les pâturages et les vergers. Bref nous sommes résignés au sort qui nous est fait ; si l'art a des tyrannies, il offre aussi bien des compensations : au nombre de ces dernières, Monsieur le Marquis, nous comptons votre généreuse sympathie et celle de tous nos compatriotes.

Veuillez agréer nos remerciements et me croire votre dévoué.

H. Viger.

Lettre d'Hector Viger à M. l'abbé F. B...

Monsieur l'Abbé,

Est-ce que les idées heureuses tourbillonneraient sous vos pas ? Je suis tenté de le croire... En effet, lorsque je vous aperçus, récitant sur l'estrade les prières de la neuvaine, je vis là un tableau très complet, auquel il ne manquait autre chose que l'artiste pour le reproduire fidèlement.

Cette impression vague d'abord et comme effacée par l'attente de l'entretien promis, s'est ensuite très-nettement formulée après vous avoir quitté.

De la conception à l'exécution, il n'y a qu'un pas et vous pouvez m'aider à le franchir. Je vous demanderai, tout simplement, de prier M. le doyen de m'autoriser à faire demain samedi, vers midi, un croquis de l'ensemble de la chasse de Sainte-Geneviève et des accessoires qui l'entourent. Ce soir nous irons au salut, et après l'office, je me rendrai à la sacristie pour avoir la réponse.

Vous le voyez, M. l'abbé, l'inspiration partout vous suit, rayonne sans que vous vous en doutiez et devient communicative, à l'exemple de l'électricité. Sont-ce les éloges, dont vous avez été prodigue envers l'artiste, qui ont influé sur sa pensée? Je ne sais, mais il est certain que cette appréciation, précieuse pour moi, m'enhardit à vous demander une intervention, sans laquelle je ne puis rien.

Veuillez, M. l'abbé, agréer l'expression de mon profond respect.

H. Viger.

Lettre d'Hector Viger à M. l'abbé F. B....

Cher Prédicateur et Ami,

Il se pourrait bien qu'ayant jeté l'ancre dans le port de *Saint-Valery*, l'écritoire ait complétement été vidée; de là, pour Mme votre mère, impossibilité de remplir sa promesse; je crains encore que, par suite de l'ardeur qui semblait vous posséder au départ, votre travail n'ait absorbé tout le noir liquide. Mais l'eau qui tombe doit suffire pour allonger ce qui peut en rester, donc, de voir arriver, pendue sous l'aile du facteur, l'adresse attendue, l'espoir n'est pas perdu. Ne semblerait-il pas que le temps de Meudon 76 ait poursuivi nos bons et chers amis jusque sur les falaises normandes?

Après avoir déploré cette humidité acharnée sur leurs vacances, je me suis consolé à la pensée que ces mêmes loisirs que leur fait la pluie, leur permettront de nous écrire, enfin comme on l'a promis en face de cet élégant trépied, dont l'aspect seul fait éclore des souvenirs édifiants et de l'ordre le plus élevé. Mais s'il prophétise, il ne rend pas d'oracles, à l'exemple de ceux des pythonisses, il ne peut nous indiquer avec précision le lieu où résident nos amis.

Nous sommes inquiets du sort qu'aura éprouvé une première à *la Chardonnière*, quel sera celui de cette autre à *Saint-Valery*. Faites comme nous, pour mieux narguer l'orage et la pluie, tout en admirant les flots depuis vos fenêtres, prenez la plume, et pour varier les sujets que vous traitez, dites-nous quelque chose de votre vie au milieu de cet air saturé d'exhalaisons marines. Pendant les minutes que vous voudrez bien nous consacrer, le temps ne sera pas perdu, je l'espère, car ma compagne qui voudrait devenir aussi bon sténographe, que vous en avez fait une bonne chrétienne, tenant la plume après le crayon, coordonnera ses notes avec ardeur. J'ai l'espoir que votre génie saura transformer le plomb vil en or pur. Voici que je me fais l'écho de sa méfiance d'elle-même. J'ai peine à croire qu'il lui manque autant qu'elle affirme; vous seul pouvez porter un jugement définitif sur cette grave question.

Le fils affectionné peut seul trouver les paroles d'amitié et de respect que nous voudrions exprimer à sa mère; en cette qualité et comme orateur émérite, je le prie de vouloir bien être mon interprète auprès de Mme B.; je le prie encore de dire à M. B. père tout mon respect et ma sympathie, et de ne pas garder pour lui seul l'étreinte amicale que ma main aura toujours pour lui-même et son frère, M. Auguste.

Tout à vous de cœur, H. VIGER.

Lettre d'Hector Viger à M. l'abbé F. B....

CHER PRÉDICATEUR ET AMI,

Après avoir arrosé de nos larmes plus d'un syllabaire, pourquoi l'enfance se réjouit-elle à l'idée seule d'apprendre à écrire? Aurait-elle déjà la prescience du bonheur qu'une lettre écrite à un ami peut donner de prime abord, à celui qui y déroule sa pensée, toute d'affection. Une missive expédiée d'un pays lointain, apporte avec elle la joie et les satisfactions les plus pures, quand elle exprime l'affection que l'on a eu le bonheur d'inspirer à celui dont on a désiré l'amitié dès les premiers jours qu'on l'a entendu prêcher l'Évangile Dans le moment même aussi, où la plume, pour répondre court sur le papier, celui qui la tient goûte, par anticipation, une joie intellectuelle comparable à celle que procure une conversation intime.

Enfermés dans les tristes murs parisiens, malgré les splendeurs qu'ils contiennent, nous ne vous raconterons pas le triste spectacle de nos dissensions que vous connaissez de reste et qui continuent à se dérouler sous nos yeux. Combien je trouve préférable d'arrêter la pensée sur les riants tableaux artistement vus et non moins artistement retracés par une plume diserte! Nous connaissons déjà une portion contiguë de la mer sur laquelle vos yeux se promènent complaisamment et en dépit de la distance qui nous sépare, nous voyons, grâce à votre peinture si colorée et variée comme un kaléidoscope en mouvement, l'écharpe bleue d'Amphitrite que des nœuds de satin blanc rattachent au ciel; la blanche voile n'est-elle pas un lien aussi, puisqu'elle sert à relier des mondes qui, sans elle, seraient ignorés les uns et les autres. Je vois ces harmonies, si étranges en apparence du bleu et du vert, osées par une magie que le pinceau des hommes imite avec tant de peine et dont le grand artiste, créateur de l'univers seul, possède le secret. Lèvera-t-on jamais le voile dont on n'a soulevé qu'un petit coin?

Que j'aime cette lutte des vapeurs amoncelées contre la falaise, ce soleil toujours radieux, malgré ses défaites momentanées, l'orgueil du miroir qui ne se doute nullement de l'objet dont il n'est que le reflet! Combien d'hommes, en tout temps, se sont crus des dieux, oubliant que leur figure est un reflet divin.

Pour eux la lampe du sanctuaire se consume sans éclairer les ténèbres de leurs âmes; jamais leur cœur n'a fait monter vers le Ciel l'encens de la prière; pour eux le lys a perdu sa blancheur immaculée; pour eux il n'est de vigne véritable que celle dont ils abusent chaque jour.

Pourront-ils jamais, dans l'océan des maux qui nous inondent et menacent de tout submerger, trouver l'olivier pour reposer leurs pieds comme la colombe. Le bouquet symbolique nous dit toutes ces choses, en nous parlant d'espoir; on sent à sa vue que tout bien n'est pas perdu, tant que le monde aura le bonheur de compter bon nombre de pêcheurs d'hommes de votre valeur et capables, comme vous, de grouper les fleurs célestes. Il suffit d'ouvrir les yeux pour ne pas se croire *oubliés* de ses amis, comme notre cœur est ouvert à l'espoir quand on a contemplé les splendeurs de l'Univers créé.

Est-ce parce que vous n'êtes plus à Paris? Il nous semble qu'il y a un siècle que nous avons eu le plaisir de vous voir, ces vacances vont vous paraître bien courtes, et à nous bien longues. Cependant la nostalgie de Clignancourt pourrait vous prendre aussi, comme elle nous a pris quelquefois. C'est une maladie chronique, le breton a besoin de respirer la brise tamisée par ses ajoncs, de goûter au pain du pays, et vos auditeurs ont soif de votre parole et voudraient pouvoir vous suivre sur toutes les plages où vous allez. Vous vous lasserez tous quatre des poissons de la plage de Saint-Valery et bientôt la fin des vacances va vous ramener; si vous étiez gens à faire des cabrioles dans l'eau comme les Parisiens, on pourrait s'attendre à vous voir revenir avec des nageoires; vous ne pouvez hanter les abîmes, mais vous êtes créé pour mesurer les profondeurs du Ciel avec des ailes, et ces voyages-là on aime à les faire en votre compagnie, avec un tel guide point de fatigue à redouter.

Quoique venue des bords de la mer, votre charmante lettre ne nous a point porté les senteurs maritimes, elle contenait mieux que cela, c'étaient les effluves de votre sympathique et douce amitié au contact de laquelle on se sent tout réconforté.

J'espère que vous saurez bien, sur notre prière, distribuer à ceux qui vous entourent, la cargaison de compliments les plus affectueux que ma chère Perrine et moi nous avons nolisée en destination de St-Valery en Caux. Nous avons été sur le point d'étendre nos sentiments à tous les habitants de la localité qui vous possède; je me borne à dire que, depuis votre séjour là-bas, Saint-Valery nous est devenu cher.

Votre ami respectueux, H. Viger.

Lettre d'Hector Viger à M. l'abbé F. B....

Très-Cher Prédicateur et Ami,

Le Seigneur ne devrait pas vous permettre de nous faire tant de chagrin, à nous qui avions pris toutes les précautions afin de vous éviter tout mécompte ainsi qu'à nous-mêmes.

Ce mercredi étant jour de loisir, comme on vous l'avait écrit, moins heureux que sœur Anne, n'ayant rien vu venir, nous avons pris vers midi la poudre d'escampette, bien loin de nous douter que dépêche et visite arriveraient pendant notre absence. Nous sortons rarement, mais quand nous prenons notre volée, ce n'est pas à demi. A 7 heures nous rentrions et nous apprenions avec le plus vif regret qu'il était arrivé, non-seulement un télégramme mais encore notre ami; désolation sur désolation!!!

Manquer une visite qu'on désirait si vivement et un visiteur qui en fait si *rarement*, c'est par trop jouer de malheur. Volontiers on se serait cassé la tête contre les murs, mais comme ils sont peu rembourrés, la réflexion a modéré notre désespoir. De grâce, M. l'abbé, une lettre pour nous faire savoir le jour et l'heure où l'on viendra nous prendre la semaine prochaine, pour aller enfin accomplir cette excursion tant désirée. Cette fois-ci, tous les trois nous pourrons entrer par la petite porte des *Artistes*. Mme Viger ayant sa carte, et la mienne me donnant la faculté d'entrer avec une personne, nous ne nous séparerons donc pas, même pour une minute. Si vous pouvez me lire, vous aurez plus de bonheur que moi, j'ai écrit ceci presque aussi bien que les notes que prend ma chère Perrine pendant vos admirables sermons.

Dimanche, en sortant de l'église de Montmartre, nous n'avons pu présenter à M. et Mme B... les hommages de notre respectueuse amitié, tant nous étions pressés de vous voir à *Clignancourt* où pourtant nous attendait une déception, notre orateur de prédilection était déjà en conférence dans la chapelle de la Vierge. S'il voulait bien être notre éloquent interprète auprès de ses chers parents, et dire tout ce que notre cœur renferme pour eux, nos regrets causés par ce jour néfaste seraient adoucis.

Nous vous chargeons d'une mission en tout semblable pour votre frère, n'est-il pas aussi de *Clignancourt* et ce nouveau *Bergo Felice*, se résume pour nous en quatre personnes se partageant nos pensées affectueuses.

Votre très-dévoué, HECTOR VIGER.

Dernière lettre écrite par Hector Viger en décembre 1878.

CHER PRÉDICATEUR ET AMI,

J'ignore comment il vous sera possible de lire mes pattes de mouches, mais tout en étant affligé, attristé par l'ignoble saison que nous traversons en ce moment et malgré ses sourires intermittents, je ne puis résister au désir de m'informer de l'état de vos santés à tous? Que devenez-vous par ce temps neigeux et froid? Pour moi, il me semble toujours avoir l'hiver dans le dos. Pour le chasser, nous aurions grand besoin de nous réchauffer au feu de votre éloquence si pleine de cœur et de sentiment. Mais si tout Paris nous sépare, il ne peut cependant briser le lien sympathique qui existe entre nous. Notre cœur franchit la distance et s'élance au-devant de votre bonne mère, qui, malgré l'énorme distance qui nous sépare, est venue nous parler de votre bonne amitié et apporter un peu de consolation. Je n'ose espérer une visite de notre cher prédicateur, mais un mot de lui m'aiderait à supporter les inclémences du temps dont il plaît à Dieu de nous affliger. En nous donnant des nouvelles de M. B..., votre père, de M. Auguste, cela nous rassurerait sur la manière dont ils peuvent traverser un hiver aussi rigoureux. Une douce chaleur est l'objet de nos désirs sur cette terre, son action bienfaisante, don de Dieu, pourrait nous donner la santé tant désirée. Le froid de plusieurs degrés ne nous a pas tout à fait enlevé ce que nous avions acquis, trop heureux de n'avoir pas reculé. Ce serait avec une vive satisfaction que nous apprendrions que vous avez évité les accidents névralgiques auxquels nous savons que vous êtes sujet vous-même.

En un mot, vous seriez bien aimable de nous faire connaître si l'état sanitaire de votre famille s'est bien maintenu. Notre désir est de savoir que nos souhaits de santé et de bonheur vous soient adressés et vous trouvent en parfait état pour traverser heureusement la suite indéfinie *de X...* que renferme l'année qui va commencer. *La main divine contient la solution de tous les problèmes de la vie*; que sa protection s'étende sur vous tous et en écarte le mal.

Malgré la névralgie qui agit périodiquement sur ma pauvre et bonne garde-malade; son zèle est loin de se fatiguer, elle semble redoubler de vigilance, afin de me soustraire aux rigueurs de la saison; tâche rude et difficile, et pourtant elle se partage entre moi et sa mère enrhumée depuis qu'elle est arrivée à Paris. Pour suffire à tant de soins, elle a trouvé dans votre excellente mère un modèle qu'elle suit et voudrait imiter, ne fût-ce que de loin. Son désir est d'arriver à posséder le même cœur, déployer un même dévoûment, une abnégation aussi complète, aussi lui donne-t-on de toute son âme, son affection pleine et entière.

Croyez bien, cher prédicateur, à l'étendue de tous mes sentiments affectueux pour vous et votre famille.

HECTOR VIGER.

PARIS. — IMP. V. GOUPY ET JOURDAN, 71, RUE DE RENNES.

www.ingramcontent.com/pod-product-compliance
Ingram Content Group UK Ltd.
Pitfield, Milton Keynes, MK11 3LW, UK
UKHW021506260726
13993UKWH00004B/1585

9 782329 229829